AF268147

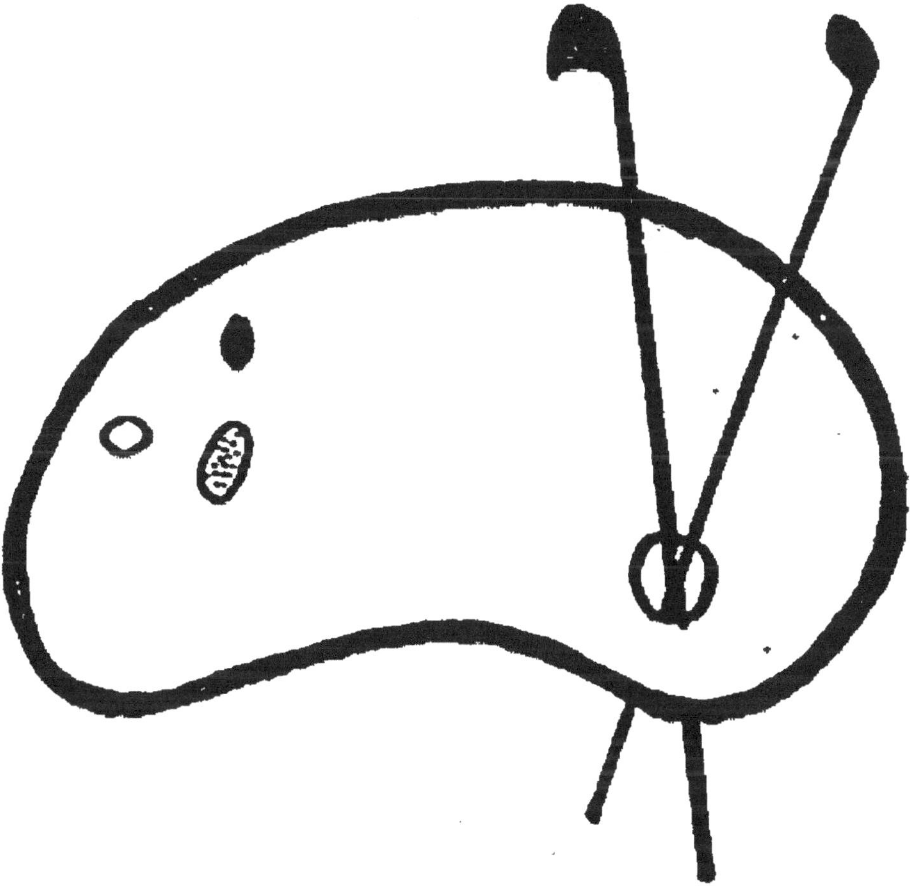

DEBUT D'UNE SERIE DE DOCUMENTS
EN COULEUR

NOTICE & DOCUMENTS
SUR LES
ÉVÉNEMENTS MÉTÉOROLOGIQUES
EN FOREZ
AUX XVIᵉ, XVIIᵉ & XVIIIᵉ SIÈCLES,

d'après les registres paroissiaux
de l'arrondissement de
Montbrison

PAR

J. DE FRÉMINVILLE

archiviste de la Loire.

IMPRIMERIE ÉLEUTHÈRE BRASSART,
RUE DES LEGOUVÉ, 20
MONTBRISON
1898.

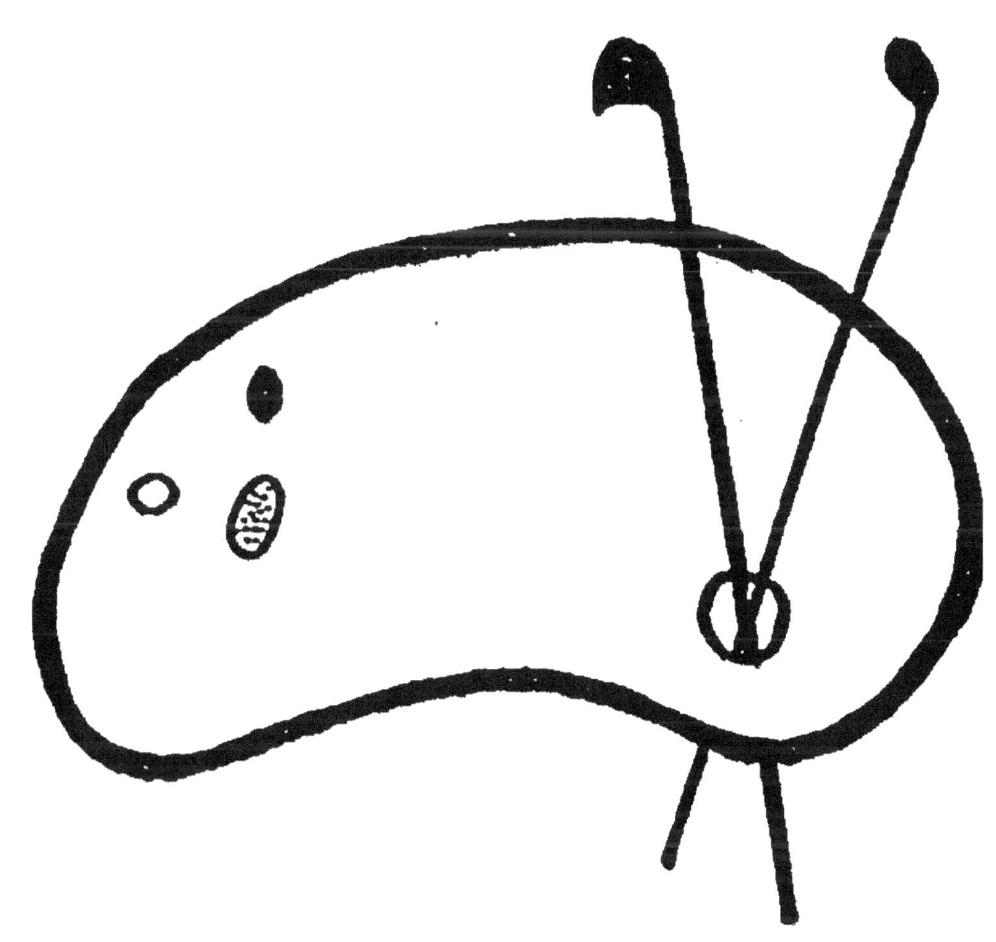

FIN D'UNE SERIE DE DOCUMENTS
EN COULEUR

NOTICE & DOCUMENTS
SUR LES
ÉVÉNEMENTS MÉTÉOROLOGIQUES
EN FOREZ
AUX XVIᵉ, XVIIᵉ & XVIIIᵉ SIÈCLES,

d'après les registres paroissiaux
de l'arrondissement de
Montbrison

PAR

J. DE FRÉMINVILLE

archiviste de la Loire.

IMPRIMERIE ÉLEUTHÈRE BRASSART,
RUE DES LEGOUVÉ, 20
MONTBRISON
1898.

NOTICE & DOCUMENTS
SUR LES
ÉVÉNEMENTS MÉTÉOROLOGIQUES
EN FOREZ
AUX XVIᵉ, XVIIᵉ & XVIIIᵉ SIÈCLES,
d'après les registres paroissiaux
de l'arrondissement de
Montbrison

Tous ceux qui ont compulsé, en certaine quantité, les registres paroissiaux ou registres de baptêmes, mariages et sépultures, antérieurs à la loi du 20 septembre 1792 savent quelle moisson de renseignements de tous genres il est possible d'y faire. Leur but primitif, leur raison d'être fut d'enregistrer les noms de ceux qui naissent, vivent et meurent dans les traditions de la religion catholique. Mais le registre de catholicité n'est pas resté exclusivement le *liber animarum*; dès le XVIᵉ siècle, le pouvoir civil comprit le parti qu'on pouvait en tirer pour dénombrer les populations, reconnaître la filiation des

familles et la situation particulière des individus;
nombre d'édits et d'ordonnances prescrivirent depuis
cette époque de préciser la personnalité humaine,
non seulement au point de vue de la parenté, mais
encore à celui de l'état occupé, qu'il s'agisse de
l'agriculture, de l'industrie, du commerce, du fonc-
tionarisme ou de la tenure féodale petite, moyenne
ou grande. C'est là qu'il faut aller chercher en premier lieu la preuve de l'existence d'une industrie
dans un pays, l'histoire des familles et des terres et,
en partie, celle des institutions, quant au personnel
nécessaire à leur fonctionnement.

En dehors de ce devoir d'enregistrement obliga-
toire pour tous curés et vicaires administrant les
sacrements, il leur a assez fréquemment paru utile, au
moins intéressant, de confier à ce registre de conservation perpétuelle le souvenir d'événements saillants
passés dans leurs paroisses, événements de tous
genres : crises politiques, guerres, grandes épidémies,
phénomènes célestes ou terrestres, bénédictions de
cloches, missions, achats d'ornements et d'objets du
culte, etc.: autant de sujets d'études d'ensemble ou
de chapitres particuliers dans les monographies
locales.

Après les enquêtes des magistrats de l'Élection et
la correspondance administrative, aux fins de modé-
ration de taille, entre l'Intendance et les communau-
tés ravagées par quelque calamité, les registres
paroissiaux sont les sources de premier ordre à con-
sulter pour l'étude des événements météorologiques
du XVIᵉ à la fin du XVIIIᵉ siècle, plus fidèles, par
leur témoignage contemporain, que les traditions
plus ou moins anciennes, plus ou moins contrôlées,
rapportées par les chroniqueurs et les annalistes.

Au cours du dépouillement, aujourd'hui terminé, de tous les registres paroissiaux de l'arrondissement de Montbrison, nous avons, mon prédécesseur et moi, trouvé de temps à autre, et presque toujours à la fin d'un cahier d'une année, des mentions relatives à des froids particulièrement rigoureux, à des grêles, des inondations : je les ai soigneusement relevées au nombre de 31 et classées par ordre chronologique, pour servir de petite contribution à l'histoire rétrospective de la météorologie provinciale. Ces extraits d'un style suffisamment clair et précis, quoique parfois peu académique, n'ont pas besoin d'être longuement présentés.

Les étudiant méthodiquement, au point de vue de chaque genre, nous constaterons que le *froid* est l'intempérie qui a sévi de beaucoup le plus en intensité et en fréquence. En 1598, la neige est tellement abondante, qu'elle atteint huit pieds de hauteur en Dauphiné et ensevelit les maisons des villages d'Auvergne ; elle couvre les campagnes depuis le 2 novembre 1613 jusqu'au milieu de mai 1614 et, le 1er août 1618, on la voit blanchir les montagnes du Forez ; en 1746, des enfants du village de Marcoux revenant du catéchisme et pris par une tourmente de neige sont bloqués pendant trois jours du mois de mars dans les maisons du hameau de Gouterel, jusqu'à ce que leurs parents aient pu frayer un chemin jusqu'à eux.

Beaucoup plus terribles sont les effets de la *gelée* détruisant les vignes à Feurs, les 11 et 12 juin 1615. Les registres d'Épercieu-Saint-Paul, Saint-Denis-sur-Coise, Saint-Rambert, Chazelles-sur-Lyon, donnent d'abondants détails sur l'hiver de 1708-1709 qui est resté dans les annales météorologiques comme un des plus rigoureux du XVIIIe siècle, un de ceux qui fit le plus souffrir de la faim, si l'on considère qu'il fut précédé d'une disette de grains ayant eu pour effet, dans la région de Saint-Symphorien-sur-Coise, de porter, à la Toussaint de 1708, au prix de 3 livres le bichet de seigle qui ne se payait que 23 et 24 sols au mois de juin précédent. Le froid commença le 5 janvier 1709 et pendant trois semaines se fit sentir avec une telle rigueur que presque toutes les récoltes pendantes par racines furent gelées ; à peine retrouve-t-on la semence des froments et seigles ; les pays moins maltraités vendirent ces blés jusqu'à 19 et 20 livres ; comme conséquence, la population lyonnaise fut rationnée par ordre et limitée à la consommation d'une livre, puis d'une demi-livre de pain par jour. Les légumes n'existant plus, l'archevêque modéra les prescriptions relatives au carême. Les vignes périrent presque en totalité, de telle sorte qu'on payait en 1711, au mois d'août, 50 livres pour une charge de vin. Il ne resta pas la dixième partie des arbres fruitiers. La seule atténuation à cette calamité générale fut que les blés semés au printemps donnèrent une récolte passable. Mais, tant de privations amenèrent des fièvres qui durèrent jusqu'en 1710 : un curé se plaint de ne pas rester trois jours sans avoir de malades. La Loire est complètement prise à Feurs, du 4 janvier au 12 février 1766, année, dont l'hiver aussi dur que celui de 1709, n'a eu de pendant qu'en 1788-1789, alors que l'on passait la Loire à « pont de glace ». Autour de Noël 1788, l'eau des puits de Chevrières est couverte d'une couche glacée qu'on est obligée de casser avec des perches.

Comme *sécheresse*, nous relevons qu'il n'a, pour ainsi dire, pas plu à Feurs du 4 mars au mois de novembre 1556, qu'en 1623 la Loire a tellement baissé qu'elle n'a que 23 pieds de large au mois d'août. A Marcoux, pendant les 6, 7, 8 et 9 juillet 1753, la chaleur torride force les moissonneurs à abandonner leurs travaux, grillant les potagers et les feuilles des arbres, faisant fondre les cierges allumés pour le service divin et étouffant les poissons de la Loire.

Les *inondations* sont assez nombreuses au XVIIIe siècle : au mois de juin 1709, la Loire et autres rivières débordent 6 ou 7 fois en moins de trois semaines ; on signale un débordement du Lignon en 1755-1756 ; le 15 novembre 1 30, les eaux de la Loire viennent baigner les murailles des maisons de Rivas ; les 12 et 13 décembre 1763, en 14 heures, la Coise devenue torrent emporte sur son passage les arbres de ses rives et les planches des passerelles. 1773, 1789, 1790 voient encore des crues plus ou moins violentes de la Loire et du Lignon qui, à la Saint-Martin 1790, ravagèrent pendant 64 heures les villages d'Épercieu et de Cleppé.

Les mentions les plus brèves concernent les *orages*, *tempêtes* ou *grêles* et sont signalées aux années 1643, 1750, 1753 et 1763.

Enfin, la seule localité connue où se soient fait sentir des *tremblements de terre*, en 1772 et 1790, est Chazelles-sur-Lavieu.

1556. — Sécheresse. — En l'an 1556, fut sy grande sécheresse qu'il ne pleu pour bien tremper la terre depuis le quatriesme de mars jusques au moys de novembre. (Registres paroissiaux de Feurs. — *Invent. des Archives de la Loire*, tome I, série E., supplément, p. 182).

1598. — **Neige.** — Au commencement de l'année 1598 tumba sy grande habundance de neige que en la plaine du Daulphiné en y avoit bien huict piedz d'aulteur et aux montaignes d'Auvergne sy grand hauteur que la plus part des maisons des vilages estoient cachés soubz la nege et les habitans d'icelles bien estonnez. (Registres paroissiaux de Feurs. — *Ibid.*, p. 182).

1613. — **Hiver rigoureux.** — En l'an 1613, l'ivert a esté sy grand qu'il commença à neger le secon jour de novembre et continua en froydeur pour l'espace de six mois et encores negea par les montaignes le xiii° et xiv° de may de l'an 1614. Il gasta les bledz des montaignes le douxiesme, trexiesme et quatorxiesme il gellat et par la grace de Dieu il ne fit aulcun mal ny aux bledz ny aux vignes ny aux arbres, l'on faisoit processions depuis la minuit jusques au poinct du jour. Fresne. (Registres paroissiaux de Feurs. — *Ibid.*, p. 183).

1615. — **Gelée.** — L'an 1615, le jeudi et vendredy, xi° et xii° du moys de juin, il gella les vignes, les fromens estant en fleur, il ne fit aulcun mal par la grâce de Dieu. (Registres paroissiaux de Feurs. — *Ibid.*, p. 183).

1618. — **Neige.** — Le premier jour du moys d'aoust 1618 il tumba de neige aux montaignes de Forestz que la terre en estoit couverte. (Registres paroissiaux de Feurs. — *Ibid*, p. 183).

1619. — **Neige.** — Le jour Sainct George, 23° appvril (1619), le matin environt le huict heures de matin tumba grande quantité de neiges avec pluyes et demurare les montagnes toute bourde jusque au lendemain fort tard sans toute fois fere nul mal, Dieu grâce. Barcel, *curé.* (Registres paroissiaux de Cuzieu. — *Ibid*, p. 411).

1623. — **Sécheresse.** — En l'année 1623, la sécheresse a esté sy grande que la rivière de Loyre tary si fort qu'elle n'avoit que trente troys piedz de large. Je soubné l'ay mesuré avec M° Arthaud Germain le xxi° d'aoust et metant une pierre sur mon pied je la jetoys six piedz de delà lad. rivière. Fresne. (Registres paroissiaux de Feurs. — *Ibid*, p. 183).

1643. — **Tempête.** — *Nota.* Ledit jour (12 mai 1643), il fist une tempeste qui emporta tous les bleds de la montagne et ne passa point pardessoubz chez Tavel. (Registres paroissiaux de Saint-Laurent-Rochefort. — *Ibid*, p. 153).

1708-1709. — **Froid.** — L'an 1708 et 1709 le blé soigle a valu jusqu'à sept francs et le froment 9 livres, les blés ayant gelez. Je fay cette funeste remarque et cela est une marque et signe très évident que Dieu est justement irrité à cause de nos péchez et des guerres qui ont durez près de 20 ans. L'orge 5 l. 10 s., avoine 2 l. 10 s., les pezettes 6 l., poids (pois) Calabre 7 l. 7 s., bled noir, 9. l. et 10 l., et l'année 1709, au mois de juin, la rivière de Loire et autres ont débordé six ou sept fois en moins de trois semaines. J'ay escrit cecy pour faire voir à la postérité que Dieu nous avertit par des signes avant nous punir et envoye des prédicateurs muetz et sans bouche et sans langue come l'arche de Noë qui nous disent parlant de faire pénitence et malheur à ceux qui n'escoutent pas ces sortes de prédicat..... Fait le 23e juin 1709. Gonin, *curé d'Espercieux*. (Registre... paroissiaux d'Épercieu-Saint-Paul. — *Ibid*, p. 169).

1709. — **Froid.** — Au mois de juin de l'année mil sept cens huit, le bled seigle ne valoit que 23 et 24 s. le bichet de Saint-Symphorien-le-Chasteau. Il commença à augmenter et à la Toussaint suivante il valoit déjà plus de 3 livres susdite mesure, mais ce qui acheva de le mettre hors de prix, fut une gelée inouïe, qui commença le jour des Rois, 5e janvier de l'année suivante mil sept cent neuf, par une bise extraordinaire, laquelle gelée dura près de trois semaines, qui tua : 1° tous les jardinages, ce qui obligea messieurs les évêques de donner la permission, en attendant qu'ils l'eussent obtenue du pape, de manger de la viande, quoyqu'on fut obligé de jeuner 4 jours de chaque semaine, à la réserve de la semaine sainte, scavoir : les dimanches, lundi, mardy et jeudy ; 2° une grande partie des arbres, surtout des fruitiers entre autres des noyers et chastaniers, dont il ne resta pas la dixième partie, et ce qui resta ne fut que quelques jeunes et encores de ceux-cy toutes les branches estant mortes, ce qui a fait valoir l'huile dix sols la livre, le moindre prix ; 3o tous les bleds hyvernaux, particulièrement le froment qui fut gelé en terre tellement qu'il ne se vendit pas la semence, non plus que du seigle, ce qui fit qu'après le mois de mars qu'on fut bien persuadé que tout estoit gelé en terre, le prix du blé augmenta tellement que bled seigle se vendit jusques à treize livres, et le froment fut vendu à Lyon, au mois de may, jusqu'à 19 et 20 livres. On obligea toute la populace de Lyon à ne manger qu'une livre de pain par jour, et sur la fin seulement demy livre ; et sans l'Auvergne qui nourrit presque toute cette province et surtout Lyon, il falloit mourir de faim, et nonobstant ce, il ne laissa pas de mourir de faim quantité de pauvres et de riches aussi par des fiebvres malignes qui régnèrent si longtemps que depuis la Toussaint de 1709 jusques à la Saint-Jean-Baptiste de 1710, je ne crois pas que je fusse trois jours sans avoir, dans cette paroisse, des malades en danger de mort; juges, *amice lector*, si les curez estoient sans peine et sans danger, aussi la plupart furent malades à l'extrémité et plusieurs moururent ; 4o toutes les vignes furent de mesme gelées, de sorte qu'il ne se reculit point de vin dans tout le lyonnais ; mon vigneron nommé Jaboulay, de la paroisse de Saint-Didier-sous-Riverie, qui deux ans auparavant en avoit reculi vingt-huit pièces de 5 asnées, n'en reculit qu'une demi-asnée, le vin donc fut si cher qu'au mois d'aoust suivant l'on l'acheta dans ce pays de cinquante francs la charge, et cette année 1710, je l'ai encore acheté au mois de décembre de dix-huit francs l'asnée, et j'ai vendu mon bled seigle 2 l. 5 s. au mois de décembre. (Registres paroissiaux de Saint-Denis-sur-Coise. — *Ibid.*, p. 423).

1709. — Froid. — L'an 1709, dimanche 6 janvier à une heure après midi, il s'élevat un vand du nort qui durat 17 jours si violant pandant tout ce temps qui gelat tout les blés dans la terre. On ne cueillit pas la centième partie de ce que on devoit cueillir, principalement du froment. Ceux qui se trouvèrent avoir des grains qui se sèment au mois de mars et avril, ils vinrent avec abondance, ils rapportèrent jusque au trantième grain et le moins vingt. Les plus mauvaises terres furent les meilleures si bien qu'on regardoit cette récolte comme un miracle de la bonté de Dieu. Il n'y eut presque

point de vin. L'ânée valut 2G livres et le boisseau de froment
10 livres. Plus des trois quarts des arbres fruitiers moururent.
Les perdrix rouges moururent avec une grande quantité
d'autres oiseaux. (Extrait du registre paroissial de St-Rambert
allant de 1707 à 1729, f° 118).

1709. — FROID. — L'hiver de l'année mil sept cent neuf
fut si violent que la récolte pendante par racine gela, on
craignoit une famine générale, mais les blés tremois et orge
qu'on sema au printemps donnèrent si abondamment que le
blé à la récolte fut encore à un prix très ordinaire, et cette
gelée générale engraissa tellement les terres que la récolte
de l'année suivante fut telle qu'on en avoit jamais vu une
pareille. *Sic lucro cedunt Domino volente damna...* (Registres
paroissiaux de Chazelles-sur-Lyon. — *Ibid.*, p. 396).

1710. — FROID. — Le 9ᵉ juillet 1710, a fini le registre avec
le tems de la misère qui dure depuis le mois de septembre
1708 que le blé a commancé à encherrir, valant ledit mois
de septembre trante à trante cinq sols et depuis ce tems là
il a valu, en 1709, six, 7, 8 livres, le seigle, neuf, 10, 12
livres, le froment, l'orge, au mois de mars, avril et may de
ladite année valoit six à sept livres et l'avoine, quarante sols,
pour semer accause que le gros hyver avoit tué tous les seigles et les fromens, le vin n'a valu que sept à huit livres
pendant ladite année, mais à présent que le seigle ne vaut
que cinquante solz, l'orge trente cinq, l'avoine douse et le
froment trois livres dix, le vin vaut trante cinq livres l'ânée,
cinquante livres, la charge, ce qui étonnera la postérité. Les
fièvres malignes et pourprées sont en reigne, mais ne sont pas
mortelles. Les pauvres nous accablent, cependant ils ne meurent pas de misère par la grâce de Dieu. Les tailles sont
exorbitantes. La paroisse en paye douse mil livres et différens
roolles et l'argent est d'une rareté sans égale. (Registres paroissiaux de Chevrières. — *Ibid.*, p. 406).

1715. — GRANDE MORTALITÉ SUR LES BÊTES. — *Nota*, que
cette année, mil sept cens quinze, dans ce diocèse et en bien
d'autres provinces de ce royaume, il est arrivé une mortalité
extraordinaire aux bœufs et vaches, qui mourroient dans
deux ou trois jours; plusieurs perdoient tous leurs bestiaux...

(Registres paroissiaux de Saint-Bonnet-les-Oules. — *Ibid.*, p. 424).

1739. — A la plus grande gloire de Dieu et à l'honneur des saints martirs Abdon et Sennen, les habitants de la paroisse d'Epercieu, assemblés en l'église dud. lieu, pour eux, leurs femmes, enfans, et descendans, promettent de faire célébrer annuellement à perpétuité, dans lad. église, au jour de dimanche plus prochain avant ou après la fête lorsqu'elle se trouvera le dimanche, une messe à haute ou basse voix selon l'opportunité du temps, à l'honneur des saints Abdon et Sennen, pour les prier d'intercedder auprès de Dieu afin qu'il préserve cette paroisse de la grêle, gelées, tempêtes, sécheresses, innondations et autres fléaux de sa justice ; à laquelle messe et à la procession qui se fera auparavant à la Croix des Rameaux ou autre plus commode, et à l'honneur des mêmes saints, ils assisteront ou quelqu'un de chaque famille assiduëment et dévotement, se présentant à l'offrande qui se fera pendant icelle, en signe de leur promesse et de dévotion envers lesd. saints. La rétribution de lad. messe payée par lesd. habitants à la forme des ordonnances de ce diocèse ou, de leur consentement, des deniers de la fabrique, aux besoins de laquelle ils promettent aussi de contribuer pendant le cours de chaque année, selon leur pieux usage, par leurs présens, dons et offrandes de danrées, bestiaux et argent, pour être employées aux réparations du lieu saint, décoration des autels et honneur du service divin, le tout à la plus grande gloire de Dieu. Fait à Epercieu le 26 juillet 1739. MERLON, *curé.* (Registres paroissiaux d'Épercieu-Saint-Paul. — *Ibid.*, p. 170).

1746. — NEIGE. — *Nota* que cette année 1746 et le 21e jour du mois de mars, fête de saint Benoist, il est tombé trois pieds de neige dans ce pays, bien mesurée, tant sur les toits des bâtiments que dans les rues. Il faut sçavoir que le matin estant allé à l'église pour dire la messe et faire le catéchisme, la neige commençoit à tomber fort tranquillement en pâté large comme des écus. Cela continua ainsi pendant la messe et le catéchisme qui durèrent une heure et dimy. Quant on fut sorti de l'église, il y avoit déjà un grand pied de neige, je fis entrer les enfans dans la maison dans l'espérancé que cela finiroit, mais dans un quart d'heure de tems il y en eut un pied et dimy. Cette continuation fit prendre son parti à la fille aînée de Chazelle de Cullieu à commencer à frayer le chemin ; tous les autres la suivirent, mais étant arrivés à Gouterel, ils n'eurent pas le courage d'avancer plus loing ; ils se dispersèrent comme ils peurent dans chaque maison de Gouterel où ils restèrent jusqu'au jeudy, veille de Notre-Dame, parce que les habitants de la montagne, soit pour avoir des nouvelles de leurs enfans, soit pour venir à la messe le lendemain, s'étant assemblés, tracèrent un chemin. Pendant les premiers jours, comme personne ne pouvoit aller ny venir, il y avoit une petite famine dans le bourg, parceque tous étant sans pain et sans farine, et nous même aurions été sans pain si quelque voisin n'avoit voulu partager le peu qu'ils avoient, et je puis dire que Annet Dupuy notre voisin aussi bien que sa famille n'eurent que très peu de pain pendant deux jours, n'ayant jamais peu, quoyque jeune, aller jusqu'au Rocheat chez Masson pour emprunter une tourte de pain, ayant été obligé par deux fois de s'en retourner du milieu du chemin. J'ay marqué cela parceque plusieurs vieux qui se souvenoient de soixante-dix ans m'ont assurés qu'ils n'avoient jamais tant vu de neige dans le pays er surtout dans la pleine du Forest et d'Auvergne, puisque les muletiers furent arrêté sept à huit jour sans pouvoir remuer de place. Cette grande quantité de neige n'a cependant pas nuit à rien si ce n'est que la pesanteur de tant de neige a fait ébouler quelque mauvais bâtiment en certain endroit. LAURENT, *vicaire*. (Registres paroissiaux de Marcoux. — *Ibid.* p. 118).

1749. — NEIGE. — L'année 1749 et le 8ᵉ jour de ladicte année il est tombée de neige jusqu'à Obignieux, paroisse de Saint-Bonnet, ce qui a beaucoup endommagé les bleds de toutes les montagnes, et peu grené ailleurs et le bled a valut jusqu'à 56 sols à la grenette de Montbrison. LAURENT, *vicaire*. (Registres paroissiaux de Marcoux. — *Ibid.*, p. 118).

1750. — GRÊLE. — 23 juillet 1750. Ce jour tomba une grêle dans ces cantons d'une grosseur extraordinaire qui à la vérité ne dura pas longtemps mais ne laissa pas que de rompre les vitres et secouer le froment et l'avoine qui n'étoient pas levez. (Registres paroissiaux de Saint-Médard. — *Ibid.*, p. 446).

1753. — CHALEUR. — Cette année 1753 et au mois de juillet
les observateurs ont prétendut que le soleil étoit si chaud
qu'il ne s'en falloit guère qu'il ne fut au point du brûlant.
En effet, de mémoire d'homme, on avoit jamais vu un tems
si chaud ; il commença le vendredy 6 juillet et augmentant
continua le samedy, et le dimanche la chaleur fut la plus
violente. Le samedy, jour de moisson dans ce pays, les deux
tiers des moissonneurs ne peurent point soutenir la chaleur
et quittèrent de moissonner et le samedy au soir et le dimanche un grand nombre de personnes furent malades pour
avoir trop beu pendant la journée. A vêpres et à la messe,
les cierges ne pouvoient se soutenir à cause de la grande chaleur et s'écrasoient et tomboient. Les herbes potagères, comme
blette, salade, et le reste furent en partie grillées du côté du
soleil. Quantité de feuilles de nos noyers furent aussi grillées
du côté du soleil, les unes toutes entières et les autres à
moitié. L'eau de la Loire fut si chaude que quantité de poisson, comme saumon et autres poisson, vinrent crever au
bord sur le sable. Des chevaux de carosse tombèrent roides
sur le pavé de Paris. Le lundy après midy s'ensuivit des
éclairs et tonnerres effroyables, il commença à tomber quelque peu de grosse grêle à Essertine et de là dans la pleine,
mais le vent des nuages passa les montagnes du Lionnois et
ravageant ruina grand nombre de paroisses dans le Lionnais.
On trouva des grêles qui pesoient jusqu'à 6 livres. Quand
nous ouvrions la porte de notre sale, il sembloit qu'on res-
piroit une fournaise de feu, nos chandelles ne pouvoient point
tenir droite dans le chandelier ; on voyoit venir des habitans
pour assister aux offices en chemise, ayant leurs habits sur
l'épaule. Des femmes dans l'église sortoient leurs mouchoirs
de coup (*sic*), ce qui faisoit rire les gens. Pour moi, je ne peut
point soutenir dans ma chambre la nuit du dimanche au
lundy, et je couché dans la sale sur quatre cheize. En un
mot, deux degrés de chaleur de plus, on prétend que le soleil
auroit été au brûlant. LAURENT, *vicaire*. (Registres paroissiaux
de Marcoux. — *Ibid.*, p. 118).

1755-1756. — INONDATIONS. — L'an 1755, et le mercredi, 2e
décembre, je soussigné curé ay baptisé, dans la paroisse de
Sainte-Foy (à cause de l'impossibilité de passer la rivière

du Lignon, débordée depuis plusieurs jours). Louise Richard, fille de Mathieu Richard, meunier aux Morands, paroisse de Poncins, et de Marie Serisier.....Burellier, *curé de Sainte-Foy.*

L'an 1756 et le 10 janvier, je soussigné, curé, ay inhumé dans le cimetière de Sainte-Foy, le corps d'une fille d'Antoine May, laboureur et habitant de Goinset, paroisse de Poncin, et de Magdelaine Châtelard, ses père et mère, née et décédée le jour d'hier,.. laquelle a été enterrée dans cette paroisse à cause de l'impossibilité de passer la rivière de Lygnon, débordée depuis plusieurs jours... Burellier, *curé de Sainte-Foy.* (Registres paroissiaux de Sainte-Foy-St-Sulpice. — *Ibid.*, p. 144).

1758. — Gelée. — La gelée funeste du mois de may a fait augmenter le blé et le vin, et la pluye continuelle pendant le mois de juillet a donné bien de la peine pour lever la récoltes des grains et des battures. Elle a fait encore plus de mal sur le raisin que la gelée en ce qu'elle les a fait couler, de façon qu'on peut dire qu'on n'a point fait de récolte dans le Lyonnois ny ailleurs que la charge de vin a valu jusqu'à 40 l., le seigle 45 s., le froment 55 s. à 3 l., pour l'avoine 12 s. On espère qu'il viendra de Provence ou du Languedoc du vin où il se trouve abondant. (Registres paroissiaux de Saint-Médard. — *Ibid.*, p. 447).

1760. — Inondation. — *Nota* que le 15 novembre de 1760, il est arrivé une inondation et débordement de la rivière de Loyre, que l'eau est venue jusqu'aux murailles. (Registres paroissiaux de Rivas. — *Ibid.*, p. 420).

1763. — Orage. — Dimanche 30 janvier. Ce jour-là il fit un tonnerre extraordinaire en cette saison entre midy et une heure accompagné de grézil et pluye. (Registres paroissiaux de Saint-Médard. — *Ibid.*, p. 448).

1763. — Inondation. — Du 12 décembre, lundi, 1769 au mardy 13e dudit mois, par les pluyes violentes qu'il fit dans le païs qui ne pouvoient pas pénétrer la terre aride par la sécheresse ou la gelée causèrent un torrent si violent sur le ruisseau de Coize qui emporta tous les arbres et autres choses qui en étoient au bord ainsy que toutes les planches pour le passer quoique fort élevées depuis le moulin de la Thivelière, celui de Souvigny, le moulin Fauillet de cette paroisse, celui de la Théry jusqu'à celuy de Fontfort au point que l'eau entré dans la maison et les étables de celuy de la Théry et que pour la conservation tant des personnes que des bestiaux on y fut contraint de les traduire à la Patillonier au dessus de la montagne. Il est incroyable du ravage que ce torrent a fait dans moins de 14 à 15 heures sur le petit ruisseau et dans celuy de Gier en Lyonnois. (Registres paroissiaux de Saint-Médard. — *Ibid.*, p. 448).

1766. — Froid. — L'année 1766 a commencée par un grand froid : Le 4e janvier de la susdite année, sur les 4 heures du soir, on a commencé à passer la Loire à pont de glace. Il faut noter qu'il avoit fait un grand froid depuis le 15 décembre 1765, et la Loire auroit été prise plutôt si le temps n'avoit pas été calme, on a continué à la passer jusqu'au 13 février exclusivement. Dans le commencement de froid il est tombé environ 4 pouces de neige, puis le 3 et le 4 du mois de février il en est tombé environ 2 pieds ; pendant ce temps de rigueur plusieurs arbres ont fendu, tous les moulins de Feurs et aux environs ont étés arrêtés pendant deux mois, pendant lequel temps les peuples ont eu recour au 4 moulins à poivre de Feurs, on mouloit environ 8 mesures par jour pour chaque moulin, c'est à dire trente deux par jour, toujours les nuits comprises. Il faut notter qu'on mouloit jour et nuit. La farine seigle se vendoit 3 livres et encore on en trouvoit pas. Le bled se vendoit 45 sols. Le dégel enfin est venu le 11 et 12 février par un grand vent qui n'a cependant pas trop précipité les nèges, de sorte qu'il n'est pas arrivé un aussi grand dommage qu'on croyoit, la glace s'est en allée peu à peu, elle avoit environ 2 pieds et demi d'épaisseur et même trois. Vendémont, *vicaire*. (Registres paroissiaux de Feurs. — *Ibid.* p. 208, 209).

1766. — Froid. — L'hiver de 1766, aussi rigoureux que celui de 1709, l'a surpassé, du moins par la longue durée, après quelques gelées et quelques neiges ordinaires, le froid commença à se faire sentir si vivement dès le 23 décembre 1765, qu'on a passé presque partout à pont de glace sur la Loire, depuis le 6 janvier jusqu'au 22 février suivant, que les glaces épaisses de 18 à 20 pouces partirent avec tant de

fracas que l'avaloir près de Saint-Rambert fut entrainé ;
nombre de barques et bateaux furent mis en pièces et plusieurs personnes périrent, le pauvre peuple a été trés emba-
rassé pour pouvoir faire moudre le peu de grains qu'il avoit,
les moulins étant gelés presque partout. Dans la rigueur du
froid, le pain s'est vendu jusqu'à 4 s. la livre, les vignes et
les blés ont généralement soufert de la rigueur de cet hyver.
Il n'y a eu dans la vigne du château qu'une dixaine d'ânées
de vin et dans les autres à proportion. Dans le tems de la
semaille en 1765, il y eut des pluyes si abondantes et si
continuelles qu'on ne peut guère ensemencer que la moitié
des terres, le printems suivant, on ensemença tout ce qu'on
put d'avoine, d'orge et de blé tremois ; mais la grêle qui a
tombé deux différentes fois à Cuzieu, comme dans plusieurs
autres paroisses, et surtout le long de la Loire jusqu'à
Montrond, a par surcroit de malheurs, enlevée du moins la
moitié de la modique récolte qui flattoit encore l'espérance
du pauvre peuple ; la rigueur de l'hyver, la rareté, la cherté
et la mauvaise qualité des alimens du Carême ont engagé
Mgr l'archevêque à permettre de faire gras pendant le Carême de ladite année 1766, les dimanches, lundis, mardis &
jeudis jusqu'au dimanche de la Passion exclusivement, le
poisson étant crevé, gelé dans presque tous les étangs, de
même que l'hortolage dans les jardins. (Registres paroissiaux
de Cuzieu. — *Ibid.*, p. 413, 414).

1772. — Tremblement de terre. — Le 24e juin, jour de
Saint-Jean-Baptiste de cette année 1772, nous avons senti
ici un tremblement de terre à neuf heures du matin ; il a
duré tout au plus une demi-minute, il s'est fait sentir dans
presque toute la longueur des montagnes qui séparent le
Forez d'avec l'Auvergne ; mais la plus forte secousse a été
au Puy où l'on dit qu'il a renversé des chandeliers sur les
autels ; et chez moi, ici, dans la vieille cure où j'habitois
encore, il a fait tiqueter des bouteilles qui étoient sur une
table proche les unes des autres. Une personne qui étoit as-
sise sur l'entablement de la croix de la place et appuyée, le
dos contre la croix, a senti trembler et l'entablement et la
croix. (Registres paroissiaux de Chazelles-sur-Lavieu).

1775. — Inondation. — Le 25 aoust de la présente année

(1775), le ruisseau d'Argent, sur les deux heures après midi
a eu douze pieds d'eau, a renversé la maison de madame
Faure, dit Mivière, la maison de Joseph Dufourt, partie de
celle de Jean Serre et partie de celle de Jean Grolier, en a
entréné tous les meubles, a renversé tous les murs de clôture
du jardin et cour de Mme Faure, ceux du jardin de Joseph
Dufourt et ceux du jardin de M. le curé. Heureusement il
n'est péri personne. (Registres paroissiaux de Bussy-Albieu.
— *Ibid*, p. 102).

1788. — FROID — Fin de ce registre (1788), il n'y a rien
eu dans cette année de remarquable si ce n'est un froid
excessif, il est peu d'endroit dans cette paroisse où la gelée
n'ait pénétré ; aux approches des fêtes de Noël, les puits
ont glacé au point qu'on étoit obligé de casser la glace avec
des perches. GUILLOT, *curé*.

Le seigle, dans le mois de novembre, se vendoit quarante
sols et aux fêtes de Noël, il se vendit 50 sols et dans le mois
de mars, 3 l. et dix sols, et 4 l. et le froment, dans ce même
temps, 5 l. (Registres paroissiaux de Chevrières. — *Ibid.*, p.
410).

1789-1790. — FROID ET INONDATION. — *Nota*. Il faut ob-
server qu'en 1789, le froid a été plus rigoureux qu'en 1709
que les blés gelèrent. Le froid a commencé le 18 novembre
1788 et a toujours continué de plus en plus jusques au 14
janvier suivant. La nuit la plus froide est celle du 9 au 10
janvier, on a passé la Loire sur la glace depuis le 30 décembre jusques au 14 janvier que le froid diminua. Les glaces
partirent de la Loire la nuit du 14 au 15 et firent un dégât
affreux. Elles avoient 16 à 17 pouces d'épaisseur ; il s'en
arrêta au moulin Sugny environ 12 pieds d'hauteur, sur la
largeur des pâquiers, il s'en fit autant près du domaine de
Lisle, de sorte que le chemin du port Colomb à Feurs fut
clos par la glace pendant plus de 8 jours. Ce départ de glace
emporta les ponts et planches qui étoient sur les rivières,
surtout celles sur Lignon, depuis Boën jusques à la Celle. Il
y a eu aussi dans le courant de cette année 9 débordements
de la Loire et Lignon depuis le mois de juin ; le plus con-
sidérable a été le 14 octobre. Ces deux rivières n'avoient pas

autant débordées ny fait de ravages depuis le débordement
de Toussaints en 1773. La chaussée de M. de Thélis tendante
de Naconne au port de Lignon a été emportée par le milieu ;
les eaux de la Loire sont venu jusques au seuil de la porte
de la maison du moulin de Clépé ; cela n'étoit pas arrivé
depuis plus de 25 ans. — *Nota* que les onze et 12 novembre
de cette année (1790) les rivières de Loire et Lignon ont été
furieuses, et qu'il n'y a pas mémoire de semblable, elles se
sont répandues jusques vers l'ancienne cure de la paroisse
d'Épercieu, elles y ont renversées 15 maisons ; dans une il
y a eu 10 personnes de noyées ; icy les eaux ont été jusques
vers la fontaine Garotay près de la maison du sieur Ferjard;
elles ont renversé à l'Isle touttes les écuries et la vieille maison; tous les bestiaûx au nombre de 33 bœufs ou vaches et
un cheval ont été écrasés, le colombier renversé ; la maison
a été étayée ; de tous les coins les eaux y ont été à plus
de 8 pieds d'hauteur ; on y a sauvé par le moyen d'un ba-
teau 22 personnes que l'on sortit par la fenêtre du grenier
de Etienne Venet, granger audit domaine. Un peu plus bas,
la maison, granges et écuries de Jean Goyet, habitant, furent
renversées, tout son bétail tués, écrasés sous les décombres
ainsi que tous les meubles et denrées, toutte sa récolte non
bastue, emportée, et celle qu'ils avoient mis en terre, son
voisin et lui, entraînée par les eaux sur lad. paroisse de
Clépé, le moulin du Montal tout renversé, les meubles du
meunier écrasés, une partie du domaine du Montal voisin
aud. moulin aussi écroulée, celuy de la Chana, de La Si-
gaude, le moulin de Sugny et la maison du port Colon, tous
ces objets renversés de fond en comble, leurs meubles écrasés sans exception, mais ny gens ny bétail de péris heureusement ; c'étoit une espèce de déluge ; les meilleures terres
voisines à ces deux rivières ont été emportées ainsi que la
semaille couverte de deux à trois pieds de gros graviers. La
perte pour cette paroisse a été évaluée à 100.000 livres, ce
qui a réduit les pauvres citoyens à la misère. L'inondation à
commencée le jour de Saint-Martin 11 novembre à 8 heures du
soir, la veille, et a duré 64 heures, sans qu'on aye pu passer
la Loire ; il y a eu encore en novembre et décembre 6 autres
débordements, mais à moitié moins du premier. Attesté par
moy curé, maire, ce 31 decembre 1790. ESCALLIER, *curé,*

maire de Cleppé. MATHEVON, *archiprêtre de Feurs.* (Registres paroissiaux de Cleppé. — *Ibid.*, p. 110, 111).

1790. — TREMBLEMENT DE TERRE. — Le dimanche six juin de cette année 1790, un léger tremblement de terre s'est fait entendre et sentir dans cestte paroisse entre cinq et six heures du soir et principalement dans le bourg et dans tout le terrain qui va du bourg au château de la Pierre. C'est le seul dont on se soit aperçu ici depuis celui qui arriva à neuf heures du matin le jour de la feste de saint Jean-Baptiste, 24 juin 1772, dont la commotion la plus violente se fit sentir dans la ville du Puy comme il est noté dans le registre de cette année. (Registres paroissiaux de Chazelles-sur-Lavieu. — *Ibid.*, p. 477).

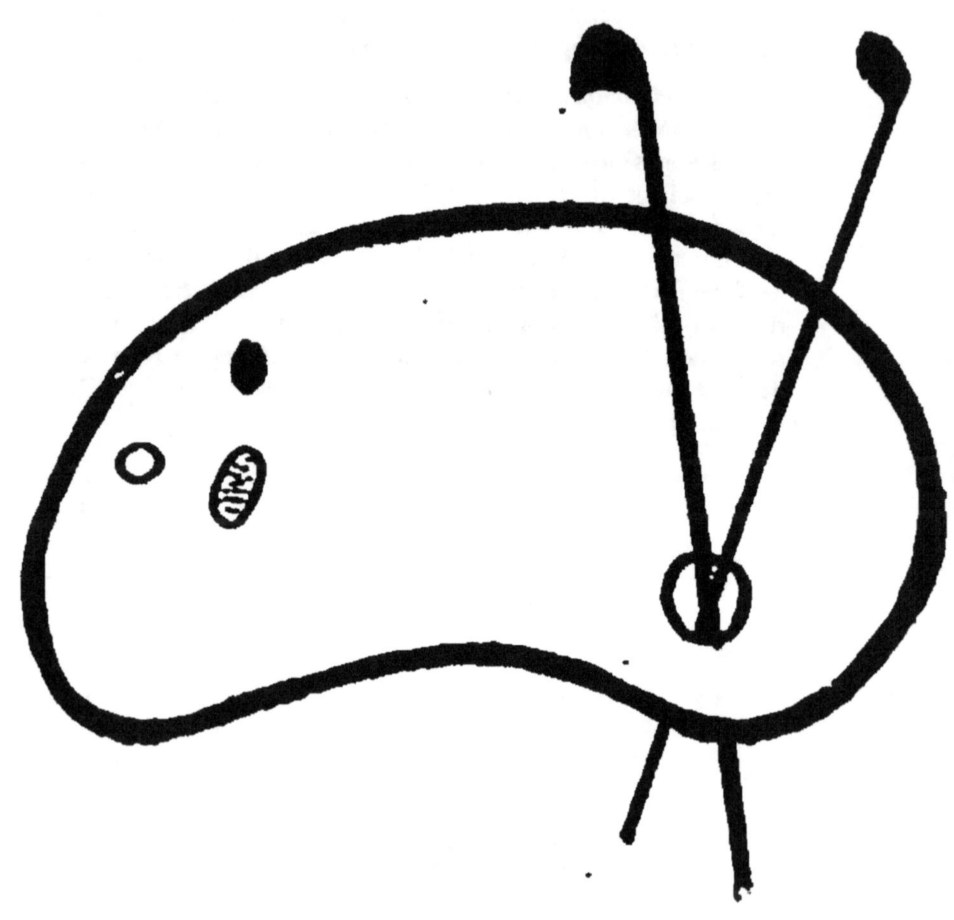

ORIGINAL EN COULEUR

NF Z 43-120-8